이어지지 않은 바다가 어디 있으랴

시와 실천 디카시선 001

이어지지 않은 바다가 어디 있으랴
시와 실천 디카시선 001

초판 1쇄 발행 | 2019년 3월 10일

지 은 이 | 남 호
펴 낸 이 | 장한라
엮 은 이 | 이어산
펴 낸 곳 | 시와 실천
등록번호 | 제2018-000042호
등록일자 | 2018년 11월 27일
주　　소 | 제주도 제주시 애월읍 가문동상2길 29-5
편 집 실 | 서울시 종로구 율곡로 6길 36
전　　화 | 02) 766-4580, 010-6687-4580
전자우편 | 11poem88@hanmail.net

ISBN 979-11-965576-3-8　03810

값 9,000원

* 이 책은 전부 또는 일부 내용을 재사용하려면 저작권자와 '시와 실천'의 동의를 받아야 합니다.
* 이 도서의 국립중앙도서관 출판시도서목록(CIP)은 서지정보유통지원시스템 홈페이지(http://seoji.nl.go.kr)와 국가자료공동목록시스템(http://www.nl.go.kr/kolisnet)에서 이용하실 수 있습니다. (CIP제어번호 : CIP2019007671)
* 본문에서 페이지가 바뀌며 연 구분 공간이 있을 때에는 〈 표기를 합니다.

이어지지 않은 바다가 어디 있으랴

남 호 디카시집

■ 시인의 말

수평선

그 찬연한 빛

지우고 다시 시작하는

순간

차올랐다

하얀 포말 같은

그리움

2019년 3월,

남 호

■ 차 례

이어지지 않은 바다가 어디 있으랴

사랑(愛) – 17

120번째 비행 – 19

기다림 – 21

이정표 – 23

일출(日出) – 25

꽃 – 27

비행(飛行) – 29

상행선 – 31

주재원 18년 – 33

공사다망 – 35

이방인 – 37

노을 – 39

제주 여행 – 41

아름다운 이유 – 43

여로(旅路) – 45

경북도청에서 – 47

달(月亮) – 49

번지점프 – 51

첫눈(初雪) - 53

찰나 - 55

겨울(冬天) - 57

눈(雪) - 59

밤바다 - 61

제주캐빈타운 - 63

뮤즈(Muse) - 65

다리(桥) - 67

길(路) - 69

낙화(落花) - 71

사실주의 - 73

화무십일홍 - 75

신록의 계절 - 77

길(路) - 79

철로 - 81

이유(理由) - 83

제주 원담 - 85

만춘(萬春) - 87

벗나무 - 89

그리움 - 91

화산송이 길 — 93

성묘 — 95

경계(境界) — 97

갈무리 — 99

흐르는 물처럼 — 101

옥방마을 — 103

산책 — 105

설레임 — 107

영원불멸(永遠不滅) — 109

친구(親舊) — 111

산이 푸른 이유(綠山有苦) — 113

감사(感謝) — 115

■ **해설** | 박현솔(시인, 문학박사) — 117

이어지지 않은 바다가 어디 있으랴

사랑(愛)

이어지지 않은 바다가
어디 있으랴

상념이 바람에 섞여 닿거든
그대 나인 줄 알았으면

120번째 비행

민우야 이상도 하지?
길도 없는 바닷길
길도 없는 하늘 길을 자알 가는
비행기나 배를 보면 말이다

할머니 물음에 물음표를 하나 더
얻었던 밤
그리움이 묻은
길도 없는 그 위에서

기다림

일출봉
해 뜬 지 한참인데
오라는 그대 아니 오는 들녘
바람만 차오른다

이정표

네가 있는 곳
가리키지 않는 물음에

발길을 돌렸다

일출(日出)

수평선
그 찬연한 빛
지우고 다시 시작하는
순간
차올랐다
하얀 포말 같은
그리움

꽃

말하지
않아도
알 것 같은
그 방점들

비행(飛行)

설랬다

짧은 시간의
경계를 넘어
다다를 그곳

낯선 비경(祕境)

상행선

은밀한 속살
드러낸 신비
우리의 언어로는
담을 수 없는
순간

주재원 18년

오롯이
떠나온 이는 안다

이역만리 타국

그 고독의 깊이가
눈물보다 깊다는 것을

공사다망

다다른 곳이 다른
나날들의
같은 마음이 남긴
흔적들

이방인

구름에서
노을에서
읽어내는 것에선 늘
파스텔톤의 따스함이 있다
돌아가는 비행기의 안에서
오롯이 혼자 느껴야 했던
긴 세월 그 고독의 빛깔

노을

부럽다
이토록 찬연히
타오르는
너의 수줍음 어딘가
타오르지 못한
나의 사랑 또한
빛났으면

제주 여행

제주 그곳엔
늘 그리운 이들이 있다
바람이 많아서
돌이 많아서 情이 많은
이어산 교수님과
장한라 시인님

아름다운 이유

휘 바람 불면
사라질

여로(旅路)

너무 멀리 와 있다

이 길의 끝에서 찾으려던
너를 두고 떠나온
나로부터

경북도청에서

찍으려던 바람은
흔적이 없었고
다만 곧게 뻗은 그리움이
모난 테두리에 갇혔다

달(月亮)

손톱만큼도
남기지 않으려 했던
추억이
하늘에 걸린 달로부터
주저앉는다 그렇게
다시 네가 뜨고 지던
숱한 날들을 지켜봐 주던
외눈박이

번지점프

41M
한때는 나도
날렸던 적이
있었다

첫눈(初雪)

문득 바라본 창밖
눈이 있었고
으레 눈과 함께 오는
소녀 시절의 그녀도 서성이고
있었다
그렇게 으레히 치르는
매해의 신고식

찰나

앞으로 가기에
뒤돌아 볼 수 있다

겨울(冬天)

더러는
씻기지 않을
그리움이 사무친다

눈(雪)

바람이 시리도록
차가운 날엔

먼 길
그리움으로 이어진
그곳에

아직 나의 인영이
서성이고 있다

얽힌 인연이야
끊어 버리면 그만일 것을

낮달의 날카로움이
베어낸 하늘
한 귀퉁이에서
백혈구가 나리는

겨울밤

끊어내지 못하는
미련으로 덕지덕지
붙어오는
못난 나의 그리움이

하얀 기억같이
들판에
펼쳐져 내린다

밤바다

사람의 흔적이라고는
하나 없는

밤바다

물마루에 앉은
달그림자가
그네를 탄다
오가는 세월이야
달력에 제 생의
생채기를 숫자로나 남길 터

뉘 하나 없는
모래사장

나와 달과 하늘이
한곳에 모여

달리 생각을 바람에
섞고 있다

무거워진 바람 사위에
달의 그네가
절정으로 치달을
그 찰나

휘돌아선
내 뒤엔
내일이 집고
들어온다

그리곤
아무도 없었다

제주캐빈타운

현무암 돌담길

걸어간 흔적 하나
남지 않은 고즈넉함의
중간에
툭하고 끼어든 이방인

늘 그리운 남을바람 불 듯
찾아와
머문 하룻밤

빈주머니로
다음을 기약하는
뻔뻔함이
상 도둑이라

제주에는
교수님이 봉으로
자리 잡으셨다

대붕의 날갯깃

하루를 의탁하여
쉬어 가는 앞길에

이 빚을 열 타래로
갚아 나갈 패기가 충만한
내가 참 뻔뻔스럽다

뮤즈(Muse)

그저 걷던 길에서
계절은 가을인데
눈을 흩뿌리고는 깔깔 웃던
그저 그런 한 끼
몇 천 원의 자장면인데
그저 그런 모든 것들에
네 숨결 불어 넣었던
그 아름다움으로
나는 제법 어른이 되었다네
한마디로
일어나던 마법들이
빛을 잃은
세월의 뒤안길에
나 홀로 버려둔
나의 뮤즈
그렇게 또 누군가에게
마법으로 남을 터
둥근 지구에
돌고 도는 삶

다리(桥)

굳이
양분(兩份)하지 않고도
이어 갈 수 있는 삶
두 다리로 지구와
교감하다 멈춘

다리 앞

길(路)

굽이쳐 뻗어간
내 욕망으로의 전차

앞만 보는
곧음이 나를
닮았다 한다

낙화(落花)

빗방울처럼 톡 하고 떨어진 추억이
꽃처럼 모르게 피었던 저녁의 어느 포구

해 그림자 같은 달이 떠
몽환처럼 더디게 가는 시간의 틈새

사랑의 풋내처럼 쉬이 가시지 않는
짠내 나는 포구

너의 인영(人影)이
잔잔한 바다를 가르고 내게로 왔다

한때, 그림자처럼 붙어오던 소녀

은밀한 밤의 아찔한 유희가
바람에 흩어진다

사실주의

누구의 보물이
빗자루 옆에 잠들었을까

잘 나가던 시절
그렇게 빛나던 것들의
지금

화무십일홍

지구의 나이테 위에
잠시 머무르다 가는 삶
흔들리지 않으려 내린 뿌리

하늘거리며
노래한다

한 철 짧은 바람이
이제 지날 텐데

신록의 계절

신록의 고국산천
스침에 남겨둔 아릿함이
매해 늙어가는 길처럼
뻗어간다

길(路)

가는 자에게
오롯이 내어주는
긴 여정이란 인생과
겹쳐 있다

철로

뉘 남긴
그리움인지
절절이 굽이진 산천
맥박으로 고동친다

이유(理由)

저마다
살아야 할
이유가 있다

자갈길 낭떠러지도
두렵지 않게
오를 수 있는
이유 말이다

제주 원담

여러해 전
그 거북 생각
멜이 하늘 별로 반짝일
시간까지 노인의
바다였다
그 거북 생각
멜이 하늘 별로 반짝일
시간까지 노인의
바다였다

멜 : 멸치(제주어).
사진출처 : EBS Docuprim

만춘(萬春)

피어야 할 곳에
피는 꽃

제 자리
그 바람 그 내음

스쳐 지나야 할 것은
바람만이 아님을

늦기 전에
보내는 마음

벚나무

비워둔 하늘
방점으로 한철

휘날리는 얇은 설움의
한 잎 지면

또 하늘이
비어날 테지

그리움

까맣게 타버린
그리움이
코발트 빛 눈물을 채웠다

갈매기만
곁을 내어준 그곳

내 속을 드러내
허공에
흩뿌린다

화산송이 길

천년을 기다리다
심장을 드러낸

그 위

임은 아니오고

꽃잎을 떨군
봄바람만 뒹군다

성묘

맨날 온다 캤는데
할매도 할배도 아무 말씀 없는

봉분은 둘인데
소주잔이 넷

멈춘 시간 군내가 난다

인적 없어 무서울 법도 한 시간
겁도 없이 앉아 보낸다

사람인지라
"니가 손해보고 살아라"
그 말씀이

아픈 어느 날

경계(境界)

삶과 죽음
육지와 바다

시간

그 흐름과
멈춤의 경계에서

갈무리

나이를 숨긴
아름드리에는 올해도

유순이 돋았다

세월이 앗아간 것이
어디 청춘뿐이더냐

장례를 치르지 못한 기억이
되살아 난 듯

유순을 숨긴 아름드리같이
숨길 줄 알아야지

속으로 숨긴 게 어디
그대뿐이겠는가

흐르는 물처럼

물이 흐르다
연잎 위에 쉬어 간다

시름을 내려놓고
그저 말없이 앉아 간다

같은 시간
나와 달리 있는 네게로

내 상념이 앉을 곳은 없을 터
물이 간다

말없이 어딘가의 네게로 닿을
내 눈물이 나에게

잠시 머물러 있다

옥방마을

옥방 마을엔
한 봉다리를 담아도
늘 오천 원을 안 넘는
슈퍼가 있다
"이영재" 이장님의 가게에는
세월이 느린 걸음을 걷고 있다

산책

바람이 부는 언덕
그네를 타는 사색이 뒤돌아 본 그곳

돌이킬 수 있다면 가졌을 것 같던
추억이 즐비하다

시간의 중력에 맡겨둔 뱃살을
당당히 조여맨
단추의 힘겨움을 무시한
뻔뻔함으로

열여덟 그 시절의 네가 아직도
나를 보고 웃고 있다

전지적 시점의 그 설렘도 잠시
커피가 식어간
그 짧은 시간을 소일하는

설레임

멀리
그랜드캐니언
누이의 가족들이
지난 길이다
말하지 않아도
알 듯한

영원불멸(永遠不滅)

불멸의 사랑이었다
이어지고 이어진 그 깊은
사랑이 잠시 내 안에서
너희에게로
나의 사랑이 그리
불멸하듯
언젠가 내 갈 곳으로 가여도
너희의 사랑이
영원에 머물러 갈 것이다

친구(親舊)

22년의 세월
말하지 않아도
그저 곁에만 있어도

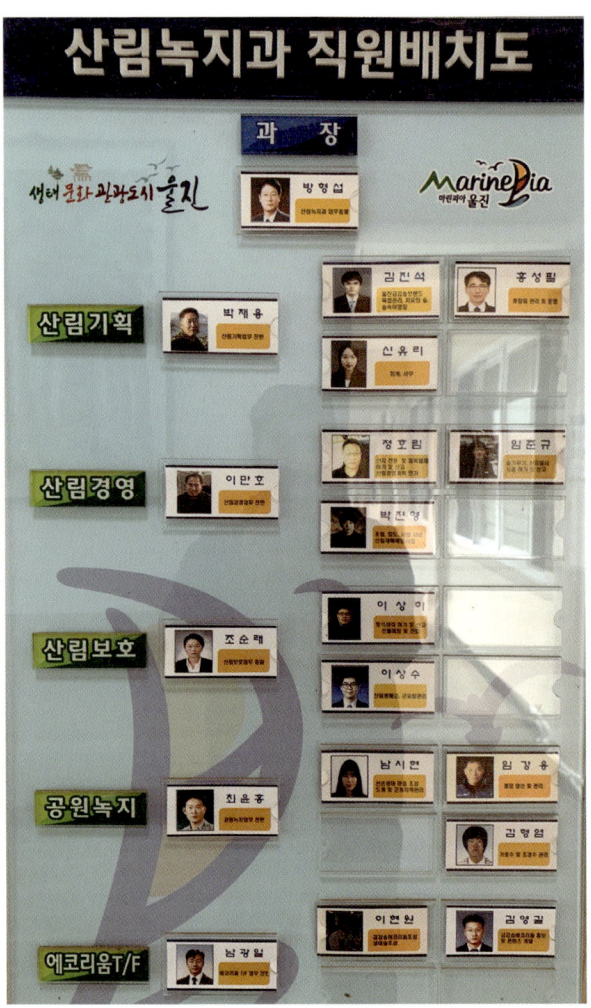

산이 푸른 이유(绿山有苦)

그들의 노고가
만들어 낸 것들

如果不存在他们青 山不会发绿

감사(感谢)

말 못한 사랑이었다
어려움도 기쁨도
그리 지내온 숱한
사랑
김순숙 母亲
남현일랑 父亲

■□ 해설

열정과 절제의 두 줄을 타는 균형감각

박현솔(시인, 문학박사)

　현대시는 일반 독자와 소통할 수 없는 난해성이라는 두꺼운 벽을 치고 있는 상황이다. 이러한 소통부재를 뛰어넘는 새로운 장르를 모색한 것이 디카시라고 할 수 있다. 이러한 시도는 십여 년 전부터 시도되었고 장르의 혼용이나 장르의 혼종이라는 측면에서 진행되고 있다. 과거에 시와 극이 만나거나 시와 노래, 시와 그림이 만나서 장르의 혼용을 이루어왔다. 그리고 이제 시가 사진과 만나서 새로운 시의 활로를 열고 있는 것이다. 그런 의미에서 시는 대부분의 독자가 걱정하고 있듯이 죽어가고 있는 것이 아니라 새롭게 진화하고 있는 것이라고 볼 수 있다. 시가 타 장르와 만나서 새로운 방법으로 독자에게 다각적인 의미를 전달할 수 있다면 이보다 더 좋은 일은 없을 것이다.
　그런데 문제는 그런 시의 저변 확대를 꾀하는 것도 좋지만 각각의 장르, 즉 사진과 시의 고유 성격과 미적 특성, 기술적 측면에 대해서 제대로 알아야 한다는 전제가 따른다. 사진은 고유의 미학을 구현하는 완벽한 장르이고 그 자체로 예술성을 획득하고 있어서 잘 찍은 한 편의 사진은 잘 쓴 한편의 시를 능가한다. 한 컷의 사진 이미지로도 진한 감동을 줄 수가 있는데 왜 굳이 어렵다는 시와 손을 잡아야하는가. 시인들은 접근하기 용이하다는 이유로 사진에 시를 얹어서 무임승차해서는 안 된다. 그러지 않기 위해서는 시 자체의 수준을 끌어올리고 미학성을 확보해야 한다. 쉽고 감동이 있는 디카시를 쓰기 위해서는 시인들이 평소에 시를 쓰는 정성에 두서너 배의 노력이 더해져야 한다. 그래야 디카시가 더 넓고 깊은 예술성을 확보할 수가 있다. 그런 다음에야 시의 진화를 얘기할 수 있고 타 장르와의 혼용이라는 의미가 확대될 수 있을 것이다.

이번에 남호 시인의 디카시집은 시인 고유의 스토리를 가지고 있으며, 그것들이 헐겁지 않고 단단하게 결속되어 있는 시집이다. 시인은 자신의 생에 깔리는 존재의 비의를 알고 있으며 그것을 시로 표현할 줄 아는 사람이다. 남호 시인은 오랜 타지 생활을 하면서 인간의 존재란 무엇인가, 어떻게 살아야 의미 있는 삶인가 등의 질문을 자신에게 끝없이 던지고 있다. 이를 보면서 그가 시를 대하는 마음이

가볍지 않다는 것을 알게 되었다. 그리고 자연과 스스로의 삶을 조화롭게 운용할 줄 아는 균형을 갖췄음도 알게 되었다. 즉 근거 없는 몽상으로 무한히 뻗어가지도 않고 그렇다고 현실에 빠져서 감성을 잃어버리지도 않는 적절한 온도의 열정을 가진 시인이라고 볼 수 있다. 그런 그의 성격이 디카시를 쓰기에 적합하다는 생각이 드는 것은 서정시가 갖는 열정과 사진이 갖는 절제를 균형 있게 안배할 수 있는 능력 때문인지도 모른다.

이어지지 않은 바다가
어디 있으랴
상념이 바람에 섞여 닿거든
그대 나인 줄 알았으면

− 「사랑(愛)」 전문

이 시의 시적 화자와 "그대"는 공간적인 한계로 인해서 만나지 못하는 상황에 놓여있는 듯하다. "바다"를 사이에 두고 애틋함만 나날이 커져가는 이 사랑을 안타깝게 여기고 있는 것은 그저 "바람" 뿐이다. 화자의 "상념"을 싣고 바람이 "그대"에게 불어가고 있다. 그렇게 공간적인 한계로 드러나고 있는 "바다"가 하나로 이어져 있다는 것은 커다란 반전이다. 다만 멀리 떨어져 있다고 생각하고 있었는데 사실은 두 사람의 연(緣)이 하나로 이어져 있고 사랑도 함께 이어져 있었던 것이다. 즉 "이어지지 않은 바다"가 없듯 둘 사이에 이뤄지지 않은 사랑도 없는 것이다.

그러나 시인은 반복되는 일상 속에서 항상 사랑의 부재를 인식하고 있는데 다른 시 「노을」에서 "타오르지 못한/나의 사랑 또한/빛났으면"이라고 말하기도 하고 「여로」에서는 "너를 두고 떠나온/나로부터"라는 시구(詩句)와 같이 떨어져 있는 현실을 자각하기도 한다. 이러한 시인의 사랑은 "그리움"으로 변하여 무의식을 가득 채우게 되는데, 이 그리움은 나무를 볼 때에도, 달을 볼 때에도 불쑥불쑥 나타나서 시인을 당혹하게도 한다. 그래서 시 「첫눈」에서는 "문득 바라본 창밖/눈이 있었고/으레 눈과 함께 오는/소녀 시절의 그녀도 서성이고/있었다"라고 하며 모든 사물과

현상이 그녀를 향한 그리움으로 가득 채워져 있음을 보여준다.

그렇다면 왜 시인은 함께 하지 못하는 사랑 때문에 안타까워하고 외로워하고 있는가. 다음의 시를 보면 그 이유를 짐작할 수가 있다.

오롯이
떠나온 이는 안다

이역만리 타국

그 고독의 깊이가
눈물보다 깊다는 것을

- 「주재원 18년」 전문

고향을 떠나서 타국에서 살아간다는 것은 새로운 경험이면서 또 다른 모험이라고 할 수 있다. 일시적인 이동이 아니라 장기적인 떠남일 때 그것이 자발적이든 아니든 존재의 고독은 깊어질 수밖에 없다. 원래 가까이 있을 때보다 멀리 떠나올 때 고향에 대한 인식이 더 또렷해지는 법이기 때문이다. 고향의 노을, 고향의 바람, 고향의 구름, 고향의 햇살 등이 모두 그립고 고향의 산천과 가족들, 친구들이 그리워지는 건 당연한 일이다. 그리고 떠나옴과 동시에 이국의 문화를 받아들이고 사람들을 받아들이며 경계인으로서 살아가게 된다. 이렇게 남호 시인이 디카시를 쓰게 된 것도 이러한 경계의식을 가지고 있기 때문이 아닌가 생각된다. 경계의식을 가진 예술가는 시에도 열려 있고 사진에도 열려있어서 이 둘을 함께 운용할 수가 있게 된다. 그런 점에서 남호 시인은 자신의 것만 고집하지 않고 다른 것을 수용할 줄 아는 유연한 사고를 가지고 있다고 볼 수 있다.

"굳이/양분(兩份)하지 않고도/이어갈 수 있는/삶"(「다리(桥)」)이나 "삶과 죽음/육지와 바다//시간//그 흐름과/멈춤의 경계에서"(「경계」)와 같이 시인의 경계의식은 표면으로 드러나고 있다. 물론 그런 과정에서 생기는 존재의식이나 고독감은 어쩔 수가 없는 것이기에 타향살이의 외로움을

토로하는 시들에서 "돌아가는 비행기의 안에서/오롯이 혼자 느껴야 했던/긴 세월 그 고독의 빛깔"(「이방인」)과 같은 심경이 자연스럽게 드러나게 된다. 위의 시 「주재원 18년」과 함께 실린 사진 이미지는 화자와 얼굴 생김새가 다른 사람들 속에 자연스럽게 섞여 있는 모습이 인상적인데 화자가 타국에서 느끼는 외로움과 존재의 고독이라는 시의 주제를 잘 반영하는 이미지인 것 같다.

  남호 시인은 타국에서 느끼는 외로움과 그리움을 어떻게 극복할 수 있었을까. 다음의 시에서 그만의 현명하고 지혜로운 해결방안이 있었음을 보게 된다.

그저 걷던 길에서
계절은 가을인데
눈을 흩뿌리고는 깔깔 웃던
그저 그런 한 끼

몇 천 원의 자장면인데
그저 그런 모든 것들에
네 숨결 불어 넣었던
그 아름다움으로
나는 제법 어른이 되었다네 한마디로
일어나던 마법들이
빛을 잃은
세월의 뒤안길에
나 홀로 버려둔
나의 뮤즈
그렇게 또 누군가에게
마법으로 남을 터
둥근 지구에
돌고 도는 삶

- 「뮤즈(Muse)」 전문

 이 시에서 자장면에 대한 사유는 "그저 그런 한 끼"에서 "뮤즈"로까지 격상되고 있다. 소박하면서도 정겨운 자장면이라는 메뉴는 어린 시절에는 먹을 수 있다는 사실만으로도 "깔깔 웃던" 음식이었고 "아름다움"마저 느껴지던 음식이었다. 그런데 어릴 적에 먹었던 그 자장면을 이제는 혼자가 아닌 여럿이서 함께 먹고 있다. 사무실의 직원들과 함께 먹는 자장면은 정을 나누고, 단합을 하고, 나아가 공동체의식을 갖게 하는 하나의 상징이 되었다. 한 회사에 속해 있으면서 함께 정을 나눌 수 있는 음식은 구성원들을 결속시키기에 충분하다. 그렇게 자장면으로부터 위안을 받았던 어린 시절은 돌아오지 않지만 나에게 의미가 있던 무엇이 다른 누군가에게도 의미 있는 것이 되면서 "그렇게/ 돌고 도는 삶"은 지속된다.

다카시는 디지털카메라로 순간적인 형상을 포착하여 이미지를 찍은 후에 5줄 내외의 문자를 곁들이는 시를 말한다. 이와 달리 사진을 활용하면서 길이에 제약을 두지 않는 것을 사진시라고 하는데 위의 시와 다음에 소개할 「성묘」가 여기에 해당된다고 할 수 있다. 그리고 남호 시인은 이를 포함한 다카시집 초고에서 가족들과 회사 사람들의 사진들을 여러 장 배치하고 있었는데 오랜 객지 생활에서 의지가 되어주는 것은 사람임을 깨닫게 되었기 때문일 것이다. 가족들을 향한 그리움과 동료들에 대한 고마움이 그를 버티게 하는 힘이었음을 얼마 지나지 않아 알게 되었다. 시 「찰나」에서도 그러한 심경이 드러나고 있는데 "앞으로 가기에/뒤돌아 볼 수 있다"라고 하면서 함께 동고동락한 지인들과 회사 사람들의 사진을 여기에 함께 배치함으로써 그들에 대한 감사함을 표현하고 있다. 미학적이고 개인적인 성격이 강한 서정시에서는 이러한 측면을 담기에 부족한 것이 사실이다. 더불어서 함께 하는 공동체의 모습을 담기에 디카시만한 게 없다는 생각이 드는 건 왜일까. 남호 시인에게는 기억 속에서 지워질 수 없는 존재들이 있는데 그것은 바로 할아버지와 할머니이다. 그분들과 함께 했던 추억들과 기억들이 지금까지의 삶에서 큰 축으로 자리를 잡고 있다. 그분들이 시인의 삶에 어떤 영향을 미쳤는지 다음의 시에서 엿볼 수가 있다.

맨날 온다 캤는데
할매도 할배도
아무 말씀 없는

봉분은 둘인데
소주잔이 넷

멈춘 시간
군내가 난다

인적 없어 무서울 법도 한

겁도 없이 앉아 보낸다

사람인지라
"니가 손해보고 살아라"
그 말씀이

아픈 어느 날

-「성묘」 전문

  가까운 사람들에 대한 관심이 남다른 시인은 살아생전에 자신을 많이 아껴주신 조부모에 대한 기억들을 풀어놓는다. 바다를 바라보고 누워있는 너무나 한적한 묘소에 찾아가서 오랫동안 나누지 못했던 이야기를 들려드린다. 살아가면서 의문이 들었던 것들, 인간관계에서 조언을 구하고 싶은 것들, 어떻게 살아야하는지에 대해서 조부모의 조언을 구한다. 평소에 "할매" "할배"는 손자에게 "니가 손해 보고 살아라"라는 말씀을 자주 해주셨던 모양이다. 타국에서의 외로운 삶 속에서도, 사람들과의 관계에서도 꺼내 놓지 못했던 말들을 조부모 앞에서 어린 아이처럼 묻고 있다. 그럴 때마다 돌아오는 대답은 "니가 손해보고 살아라"라는 말씀뿐이다. 살면서 이기적인 생각이 들 때마다, 계산이 앞설 때마다 머릿속에 떠오르는 그 말씀이 시인의 마음을 아프게 한다. 사실 그렇게 사는 것이 쉽지가 않기 때문이다. 자신이 할아버지와 할머니에게 들었던 이 말을 시인은 나중에 자식들에게 당당하게 들려줄 수 있을 것인가를 생각한다.

인간은 온전히 행할 수 없는 것들을 자연은 조용하게 위대하게 실행에 옮긴다. 어둠을 뚫고 해가 뜨고, 한 그루의 나무가 숲을 이루고, 바람에 제 온몸을 맡기는 씨앗들, 기울어도 절망하지 않는 달 등 묵묵하게 다른 존재들을 이롭게 하는 자연물들이 얼마나 많은가. 이들 사진의 이미지들을 이 디카시집 구석 구석에 배치하면서 시인은 조부모의 말씀을 떠올린다. 삶에서 직접 실행에 옮길 때도 있지만 그러지 못할 때에는 반성처럼 삶을 돌아보게 만드는 위대한 자연을 보면서 말이다.

다음의 시는 지금까지의 시들과는 조금 다른 분위기의

시인데 사진 이미지와 시의 제목이 한데 어울리면서 의미가 좀 더 확장되는 아주 재미있는 시가 되었다.

누구의 보물이
빗자루 옆에 잠들었을까

잘 나가던 시절
그렇게 빛나던 것들의
지금

– 「사실주의」 전문

사실주의(리얼리즘)은 사물을 객관적으로 관찰하고 묘사한 것을 말한다. 시인의 생각이나 개성이 주가 되는 것이 아니라 사물이나 대상의 있는 그대로를 객관적으로 표현한 것을 의미한다. 이 시에서 사진 이미지가 보여주는 것은 빗자루 옆에 매달려 있는 뚜껑 달린 상자가 전부이다. 이것의 용도는 우편함 정도로 추정되는데 이 나무상자의 곁에는 "보물"이라고 적혀 있다. 그런데 보물이 집안 깊숙이 숨겨져 있는 것이 아니라 집 밖에 방치되어 있는 것으로 보아 일반적인 보물이 아닌 한 사람에게 특별하게 생각되는 보물인 것 같다.

그러니까 누군가를 특별하게 생각하고 그로부터 오는 편지들을 소중하게 생각하면 그 사람에게서 오는 모든 소식들이 보물 같은 안부가 된다. 하지만 그런 소중한 편지들은 오지 않고 전기요금, 수도요금, 관리비, 카드청구서 등 일상적인 청구서들만 날아드는 게 요즘의 현실이다. 기술의 발전으로 핸드폰 문자나 이메일이 편지를 대신하게 되면서 보물은 이제 퇴물이 되어간다.

화자는 이러한 심정을 "한때/그렇게 빛났던/것"이라고 말하면서 현실의 삭막해진 정서를 그대로 드러낸다. 한 가지 의미심장한 것은 "빗자루"의 존재인데 그것이 사실주의를 지향하는 시각에서는 생활의 도구일 뿐이지만 환상을 추구하는 초현실주의에서는 현실을 초월하여 무의식의 세계로 들어가는 하나의 도구로 활용되기도 한다. 그러므로 하나의 사물도 시대에 따라서 현실적일 수 있거나 초현실적일 수 있는 것이 문예사조의 변화에 따른 차이점이라는 것을 시인은 감지하고 있는 듯하다.

　디카시는 소통을 중시하는 형식의 시이고, 그러한 시들을 모아놓은 디카시집은 내용과 형식의 측면에서 새로움을 지향한다. 남호 시인의 이번 디카시집은 시의 열정이라는 내용적인 측면과 절제라는 디지털카메라의 형식적인 측면이 적절하게 균형을 갖춘 시집이라고 볼 수 있다. 그의 디카시들은 사물이나 대상의 이미지를 보고 순간에 떠오르는 생각을 문자로 옮겨 적은 것이면서 삶이 녹아있는 은유적 사유가 포진하고 있는 방식으로 표현된다. 즉 순간적이면서 환유적이고, 오랜 시간의 결과물이면서 은유적인 이중적인 형태를 띠고 있다. 그만큼 형식과 내용에 모두 충실하고자 노력하고 있으며, 소통을 핑계로 쉬운 시만을 지향하진 않는다는 것이다. 두 마리 토끼를 잡으려면 두 가지 방식에 능통해야 하고 사유도 다양하게 가져가야 하는 것이 디카시인의 숙명인 것이다. 그동안 현대시가 어려워서 범접할 수 없었다고 투덜댔던 독자가 있다면 오랜만에 진정한 소통을 꿈꾸어도 좋을 시집이 탄생했으니 맘껏 현대시의 진화를 느껴보시길 바란다.